Multiplication Tables - Jump in steps!

Adhithya Raman
Revathi Raman
Pattabi Raman

Published by
Numerical Solution (UK) Limited,
4-5 Bonhill Street (TechHub @ Campus),
London EC2A 4BX United Kingdom

ISBN-13: 978-0-9927459-9-8

ISBN-10: 0992745993

You may use this book and the supporting website: www.numericalsolution.co.uk for your personal use and in your academic / teaching materials.

Executive overview

Multiplication tables are an important tool in mathematics. The Office for Standards in Education, Children's Services and Skills (Ofsted) of United Kingdom, has proposal for the new national curriculum to ensure that pupils are able to recite their times tables up to and including 12 x 12 by the age of nine. This is in an attempt to boost the mathematical competence of pupils in the UK.

With this aim this short book and the videos:

- "Multiplication Tables
    - Let us make it!"

- "Multiplication Tables
    - Rapid version to by heart!" and

- "Multiplication Tables
    - Puzzles!"

are prepared to provide the fundamental understanding of formation of tables.

There are two ways of defining multiplications:

a) multiplications are repeated addition; and
b) multiplications are scaling of numbers,

where, the first definition is sufficient and easy to understand for children. Hence, this book demonstrates the formation of tables by repeated jumping in steps.

For example, to get an answer for "four times of two (4 X 2)", it proceeds with the following three steps:
1) start from zero;
2) each step is '2' units; and
3) jump '4' times.

Then, it reaches the answer '8'.

In multiplication tables, if you have learnt "4 X 2 = 8", then you do not need to learn what is "2 X 4", because the numbers can be swapped across the multiplication sign 'X', which is known as the associative property of multiplication.

Therefore, in two-times table you will find "4 X 2 = 8" in **black**, but in four-times table you will find "2 X 4 = 8" in brown. That means, the **blacks** are new and the browns are old and you already learnt them in the smaller tables.

This book and the video are dedicated to grandparents of the first author Adhithya Raman. We thank Mr Veeral Manek and Ms Annie Smith for providing constructive feedback. We welcome your criticism and feedback for improvement and you can contact us at pattabi@numericalsolution.co.uk

0 X 1 = 0
1 X 1 = 1
2 X 1 = 2
3 X 1 = 3
4 X 1 = 4
5 X 1 = 5
6 X 1 = 6
7 X 1 = 7
8 X 1 = 8
9 X 1 = 9
10 X 1 = 10
11 X 1 = 11
12 X 1 = 12

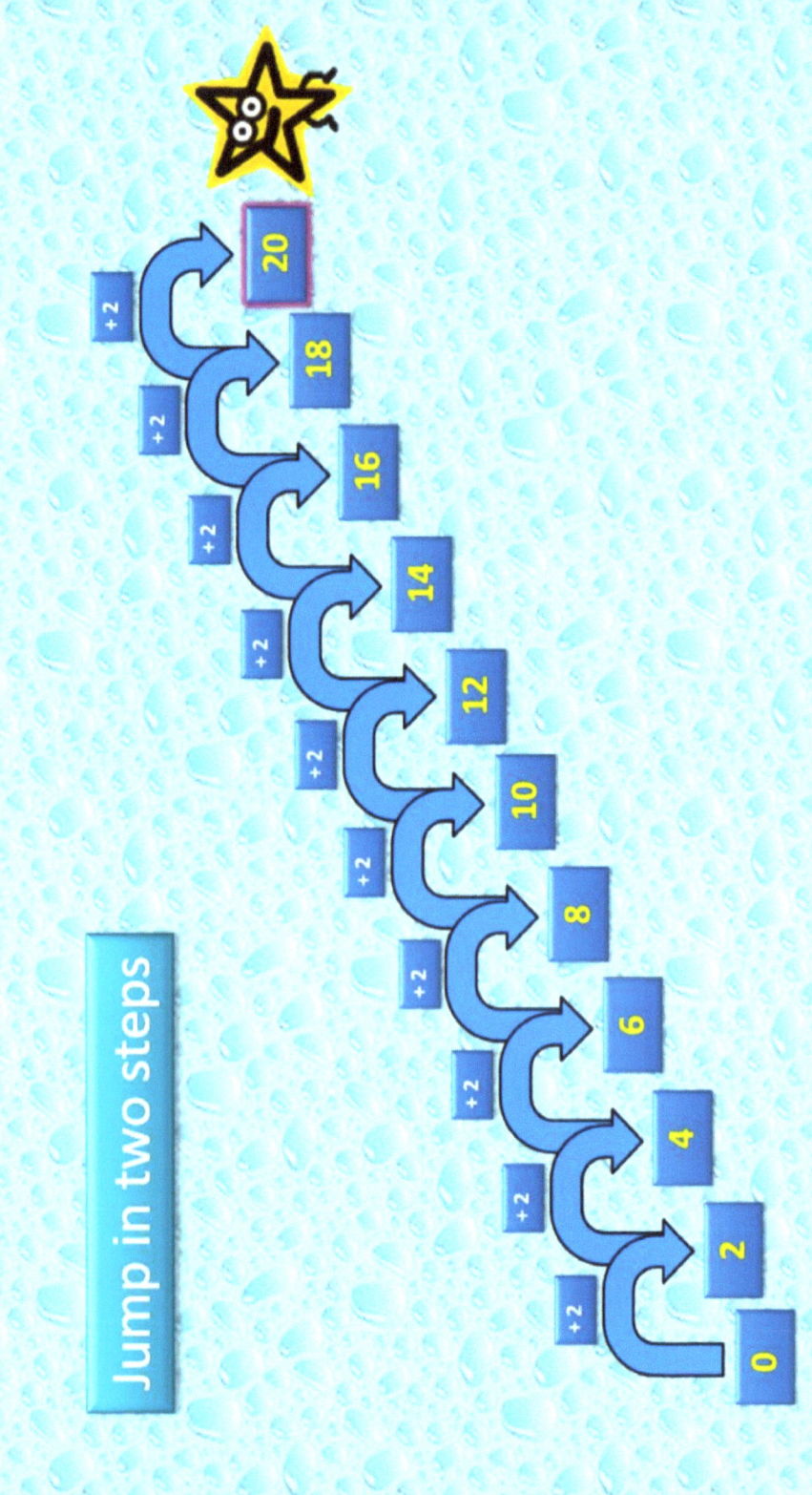

0 X 2 = 0
1 X 2 = 2
2 X 2 = 4
3 X 2 = 6
4 X 2 = 8
5 X 2 = 10
6 X 2 = 12
7 X 2 = 14
8 X 2 = 16
9 X 2 = 18
10 X 2 = 20
11 X 2 = 22
12 X 2 = 24

0 X 3 = 0
1 X 3 = 3
2 X 3 = 6
3 X 3 = 9
4 X 3 = 12
5 X 3 = 15
6 X 3 = 18
7 X 3 = 21
8 X 3 = 24
9 X 3 = 27
10 X 3 = 30
11 X 3 = 33
12 X 3 = 36

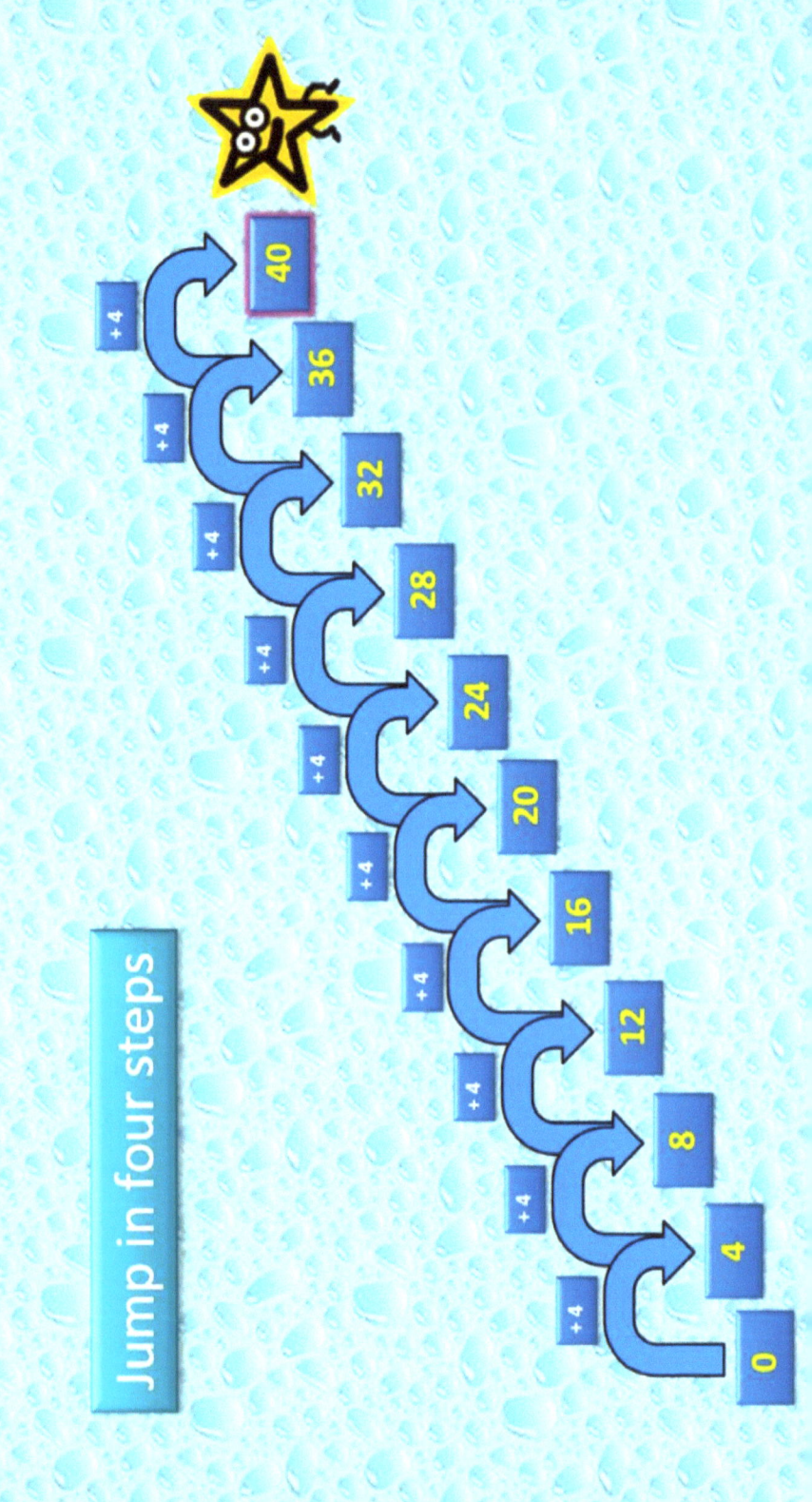

0 X 4 = 0
1 X 4 = 4
2 X 4 = 8
3 X 4 = 12
4 X 4 = 16
5 X 4 = 20
6 X 4 = 24
7 X 4 = 28
8 X 4 = 32
9 X 4 = 36
10 X 4 = 40
11 X 4 = 44
12 X 4 = 48

0 X 5 = 0
1 X 5 = 5
2 X 5 = 10
3 X 5 = 15
4 X 5 = 20
5 X 5 = 25
6 X 5 = 30
7 X 5 = 35
8 X 5 = 40
9 X 5 = 45
10 X 5 = 50
11 X 5 = 55
12 X 5 = 60

0 X 6 = 0
1 X 6 = 6
2 X 6 = 12
3 X 6 = 18
4 X 6 = 24
5 X 6 = 30
6 X 6 = 36
7 X 6 = 42
8 X 6 = 48
9 X 6 = 54
10 X 6 = 60
11 X 6 = 66
12 X 6 = 72

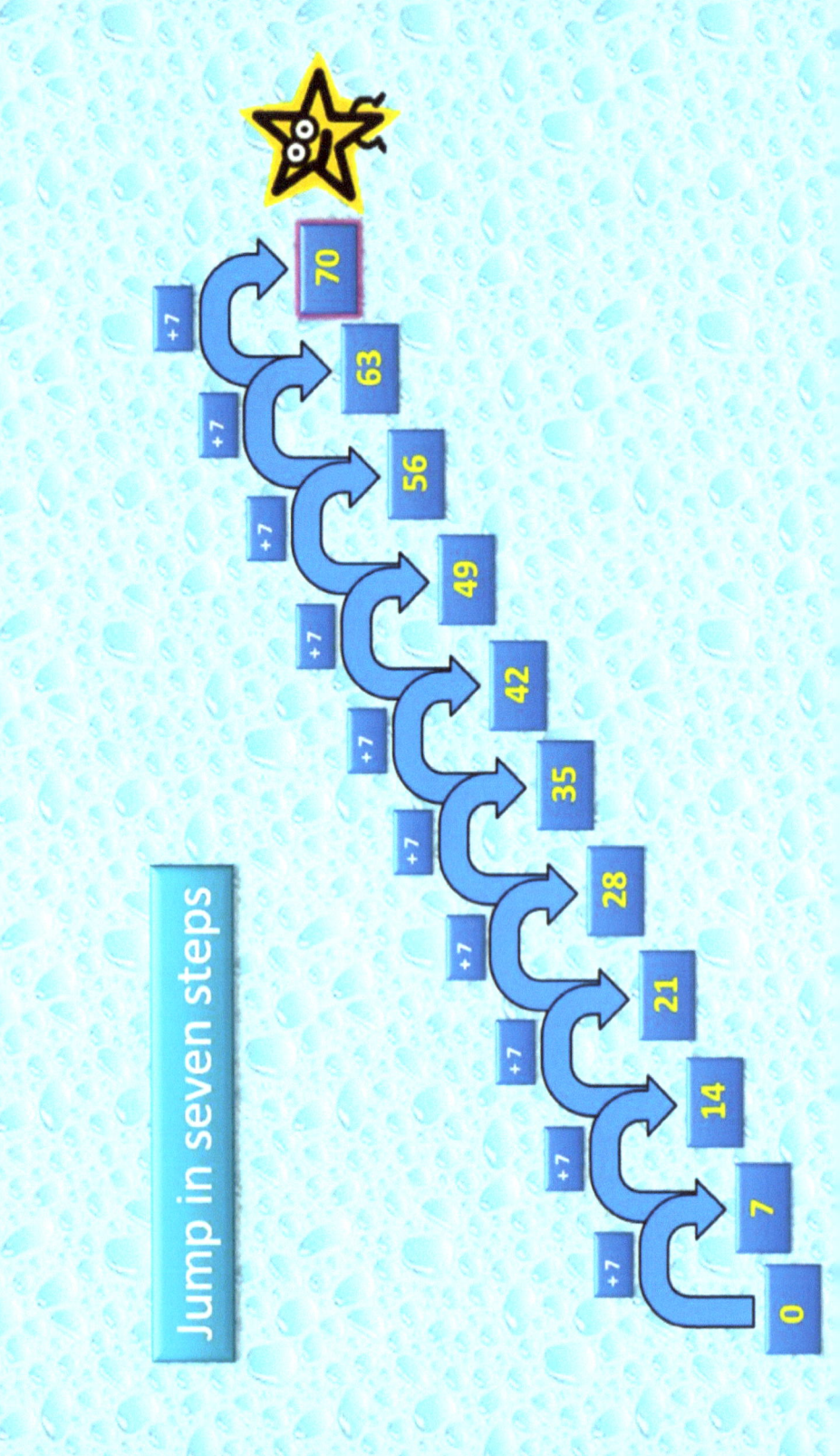

0 X 7 = 0
1 X 7 = 7
2 X 7 = 14
3 X 7 = 21
4 X 7 = 28
5 X 7 = 35
6 X 7 = 42
7 X 7 = 49
8 X 7 = 56
9 X 7 = 63
10 X 7 = 70
11 X 7 = 77
12 X 7 = 84

0 X 8 = 0
1 X 8 = 8
2 X 8 = 16
3 X 8 = 24
4 X 8 = 32
5 X 8 = 40
6 X 8 = 48
7 X 8 = 56
8 X 8 = 64
9 X 8 = 72
10 X 8 = 80
11 X 8 = 88
12 X 8 = 96

0 X 9 = 0
1 X 9 = 9
2 X 9 = 18
3 X 9 = 27
4 X 9 = 36
5 X 9 = 45
6 X 9 = 54
7 X 9 = 63
8 X 9 = 72
9 X 9 = 81
10 X 9 = 90
11 X 9 = 99
12 X 9 = 108

0 X 10 = 0
1 X 10 = 10
2 X 10 = 20
3 X 10 = 30
4 X 10 = 40
5 X 10 = 50
6 X 10 = 60
7 X 10 = 70
8 X 10 = 80
9 X 10 = 90
10 X 10 = 100
11 X 10 = 110
12 X 10 = 120

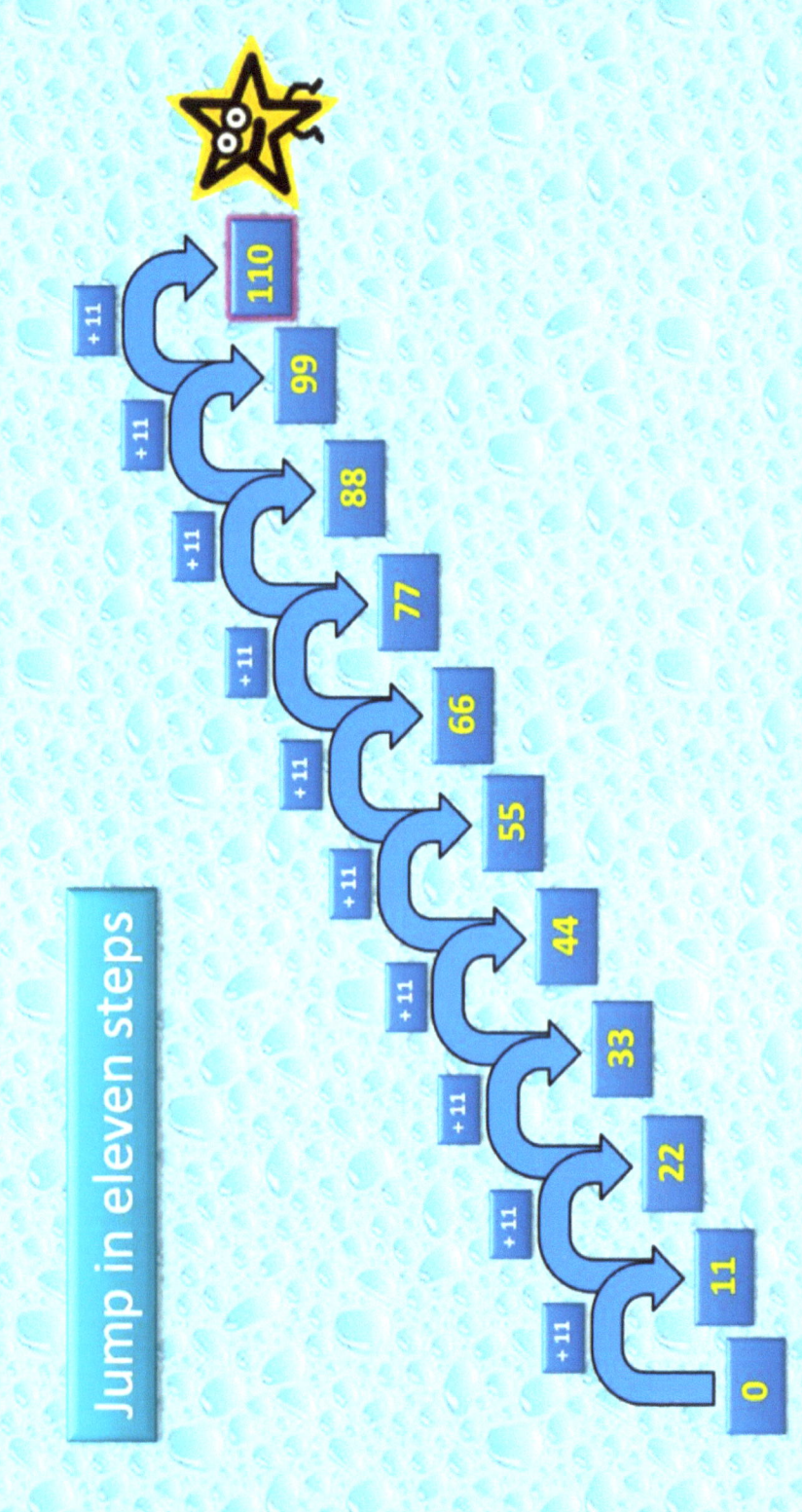

0 X 11 = 0
1 X 11 = 11
2 X 11 = 22
3 X 11 = 33
4 X 11 = 44
5 X 11 = 55
6 X 11 = 66
7 X 11 = 77
8 X 11 = 88
9 X 11 = 99
10 X 11 = 110
11 X 11 = 121
12 X 11 = 132

0 X 12 = 0
1 X 12 = 12
2 X 12 = 24
3 X 12 = 36
4 X 12 = 48
5 X 12 = 60
6 X 12 = 72
7 X 12 = 84
8 X 12 = 96
9 X 12 = 108
10 X 12 = 120
11 X 12 = 132
12 X 12 = 144

Well Done!
You have learnt the tables!!
Practice again and again !!!

www.ingramcontent.com/pod-product-compliance
Lightning Source LLC
Chambersburg PA
CBHW041818040426
42452CB00001B/18